中医药文化与健康

第三册

总主编：许二平

本册主编：徐江雁

本册执行主编：刘文礼 彭 新 张婷婷

河南大学出版社
HENAN UNIVERSITY PRESS
·郑州·

图书在版编目（CIP）数据

中医药文化与健康. 第三册 / 许二平主编. -- 郑州：河南大学出版社, 2022.8
ISBN 978-7-5649-5304-1

Ⅰ. ①中… Ⅱ. ①许… Ⅲ. ①中国医药学 – 文化 – 普及读物 Ⅳ. ①R2-05

中国版本图书馆CIP数据核字（2022）第156446号

策划编辑	程新晓		
责任编辑	苗 卉 韩方正	责任校对	毛晓旭
责任印制	陈建恩	封面设计	李雪莹

出 版	河南大学出版社		
	地址：郑州市郑东新区商务外环中华大厦2401号	邮编：450046	
	电话：0371-22864493（基础教育与学前教育分公司）	网址：hupress.henu.edu.cn	
排 版	河南君策广告设计有限公司		
印 刷	河南美轩印务有限公司		
版 次	2022年8月第1版	印 次	2022年8月第1次印刷
开 本	787 mm × 1092 mm　1 / 16	印 张	5
字 数	63千字	定 价	20.00元

（本书如有印装质量问题，请与当地销售部门联系调换。本书在编写过程中，参考引用了一些资料，取得了原作者的大力支持，在此谨表感谢，但因一些作者的地址不详，我们无法取得联系。敬请各位作者与我们联系，以便做出妥善处理。）

编委会

总 主 编　许二平

主　　审　许敬生　韦大文

执行主编　徐江雁　苗明三　许敬生　李成文　王　琳
　　　　　贾成祥　李东阳

编　　委（按姓氏笔画为序）

王　琳　王　辉　王剑锋　韦大文　方晓艳

尹笑丹　朱红庆　刘文礼　许二平　许敬生

李东阳　李成文　李青雅　张　楠　张晓艳

张婷婷　苗明三　范　敬　赵迪克　赵培源

胡研萍　贾成祥　徐江雁　常征辉　彭　新

第一单元　四季养生法则 ······ 01

第一课　　春养生 ······ 02

第二课　　夏养长 ······ 06

第三课　　秋养收 ······ 10

第四课　　冬养藏 ······ 14

第二单元　四季养生话饮食 ······ 19

第一课　　春季健康饮食 ······ 20

第二课　　夏季健康饮食 ······ 24

第三课　　秋季健康饮食 ······ 28

第四课　　冬季健康饮食 ······ 32

第三单元　四季养生话起居 ……… 37

第一课　春季健康起居 ……… 38

第二课　夏季健康起居 ……… 42

第三课　秋季健康起居 ……… 46

第四课　冬季健康起居 ……… 50

第四单元　不同年龄阶段养生要点 ……… 53

第一课　儿童时期养生 ……… 54

第二课　青少年时期养生 ……… 58

第三课　中年时期养生 ……… 63

第四课　老年时期养生 ……… 69

第一单元
四季养生法则

小朋友们，一年当中你最喜欢哪个季节？每个季节都有什么特点？你知道每个季节应该遵循怎样的养生法则吗？

第一课 春养生

我们常听老师和家长提到"一年之计在于春",因为春天是一年的开始。你知道在春天要怎样顺应自然规律进行保养吗?

告别寒冷的冬天,一阵温暖的春风,剪出了二月娇嫩的柳叶,染绿了江南绵长的堤岸,催开了千树万树的梨花,引来了散学的孩童放飞自由的纸鸢。冬去春来,冰雪消融,蛰虫苏醒,柳丝吐绿,春花含苞,整个大自

梨花

桃红柳绿

然呈现出一派勃勃生机。中医四大经典之首的《黄帝内经》中这样总结春天呈现出的特点："春三月，此谓发陈，天地俱生，万物以荣。"这里的"发陈"就是推陈出新的意思，是说春天以万物萌生、欣欣向荣为主要特点。

人，作为大自然的一部分，顺应大自然的发展规律，在温暖的气候中，我们的活动量不断增加，新陈代谢日渐旺盛，血液循环加快，我们所需要的营养物质也随之增多。所以，春季养生应根据春天生长、升发、舒畅的规律，在饮食、起居、精神等方面，顺时而养，保持人体处于积极生长的状态。

生活中的中医小妙招

春暖花开防过敏

春天到了，气温回升，草木发芽，鲜花绽放。沐浴在春天的阳光里，对很多人来说是一件非常快乐的事。但一些有过敏症的人却高兴不起来，因为一些植物的花粉被人吸入鼻腔后，会引起身体过敏，出现打喷嚏、皮肤瘙痒、起红疹等身体不适症状。所以，过敏体质，或有过敏性鼻炎、过敏性哮喘疾病的朋友，春天外出游玩时最好佩戴口罩，尽量少去花草树木茂盛的地方，不要随便去闻花香。若出现身体不适要及时到医院检查治疗。

 **思考能力我最强**

想一想：与春天有关的成语或诗歌有哪些？这些成语或诗歌反映了春天什么样的特点？

 **动手能力我最棒**

"鸭头春水浓如染，水面桃花弄春脸""开遍杏花人不到，满庭春雨绿如烟"，这两句古诗为我们描绘了春天桃花、杏花盛开的美丽景象。其实桃和杏不光花可以观赏，果实可以食用，桃仁和杏仁还可以入药。

请观察桃仁和杏仁，它们的外形、质地等方面有哪些区别，有哪些共同点？

桃仁　　　　　杏仁

第二课 夏养长

春天是美丽的季节,虽然人们会感慨春天过于短暂,但当夏天如约而至时,人们又会欣然接受它如火般的热情。在炎热的夏季,我们该怎样调整我们的生活规律呢?

夏天的火热是出了名的,杜甫有"永日不可暮,炎蒸毒我肠"之叹,韦应物有"炎炎日正午,灼灼火俱燃"之感,杨万里也有"夜热依然午热同""日长睡起无情思"之愁。然而夏天又不光是热,还时常有雨相伴,陆游为"梅子熟时风雨频"所苦,赵师秀也有"黄梅时节家家雨"之忧。湿热交加,连动物们都有情绪了,难怪陆游为"草深无处不鸣蛙"、阎选为"岸边蝉噪垂杨"所扰呢。

但湿热、虫鸣也阻挡不了人们对夏天的热爱,因为它还有绝美的那一面。杨万里钟情于"接天莲叶无穷碧,映日荷花别样红",韦应物忘情于"夏条绿已密,朱萼缀明鲜",祝允明寄情于"梅子青,梅子黄,菜肥麦熟养蚕忙"。

总之,夏季,大自然阳光充沛、热力充足,万物都借助这一自然趋势加速生长发育,是自然界万物生长最茂盛、最华美的季节。正像《黄帝内经》总结的那样:"夏三月,此谓蕃秀,天地气交,万物华实。"既然夏季呈现出以"长"为特点的规律,这时也是人体一年当中新陈代谢最旺盛的时期,所以夏季养生要以养"长"为原则,利用夏季昼长夜短的优势去促进人体的生长功能。

蝉

莲花

生活中的中医小妙招

夏季适当吃辣

夏天烈日炎炎，很多人喜欢喝冷饮、吃冰激凌解暑降温，也有不少人喜欢吃西瓜、黄瓜、苦瓜、冬瓜、丝瓜等寒凉性的果蔬来清解暑热，但这些饮食吃多了容易损伤脾胃，所以做菜时适当搭配一点辣椒，可以起到寒热平衡的作用。另外，一年当中夏天雨水较多，自然界中湿气较重，人体也容易感受潮湿而生病，做菜时适当加点辣椒，也有助于祛除湿气。

苦瓜

辣椒

 **思考能力我最强**

想一想：与夏天有关的成语或诗歌有哪些？这些成语或诗歌反映了夏天什么样的特点？

 **动手能力我最棒**

夏天的时候很多小朋友发现家长喜欢用苦瓜做菜，这是因为苦瓜的苦味能防止人体上火。你还知道哪些自身具有苦味的果蔬？说一说，写一写。

苦瓜

第三课 秋养收

对于同学们来说，秋天好像总是伴着妈妈的那句"天凉了，多穿点衣服"而悄悄地来到我们身边。虽然天气变凉了，可我们的心却暖融融的。那么秋天里，我们要遵循什么样的养生法则呢？

秋日的黄昏，当你漫步在落满枯叶的小巷，或者坐看窗前飘落的夹着凉意的秋雨时，再联想起苏轼那句"荷尽已无擎雨盖，菊残犹有傲霜枝"，你会不会感到一股秋愁涌上心头呢？

秋天的到来，赶走了夏天的炎热，带来了短暂的凉爽。随着降雨的减少，天气变得干燥，也逐渐变得有些寒冷。秋天，自然界的很多植物也迎来了收获的季节，所以人们用"金秋"来赞美秋天，苏轼也一扫"荷尽""菊残"的意兴阑珊，去品味"一年好景君须记，最是橙黄橘绿时"的美来。

秋天，植物们将数月来生长累积的精华以成熟果实的形式奉献给大自然，又以枯叶凋落的形式开始蓄积能量，为来年的春华秋实再次酝酿，这样的变化是植物对自然界气候变化的适应和选择。秋天是收获的季节，也是万物收藏的季节，就像《黄帝内经》中所说："秋三月，此谓容平。天气以急，地气以明。"

秋天，人体也随着季节变化发生着微妙的变化，代谢由快变慢，出汗减少，人体进入了一个周期性的休整阶段。为了顺应秋天以"收"为主的规律，我们日常养生也要以养"收"为主。

生活中的中医小妙招

初秋睡前关好窗

入秋以后,气温下降,天气转凉,有些人为了贪图凉快,喜欢开窗入睡,这样做很容易受凉,导致感冒,或者出现全身酸痛、腹部胀满、大便稀溏、四肢无力、周身关节疼痛等症状。因为夏秋之交,虽然天气仍比较热,但是冷空气已开始活动,如果日常起居稍有不慎,就容易感受寒凉而引起身体不适。因此,入秋天气转凉时切记不要贪凉,入睡之前及时关好卧室的窗户。

 **思考能力我最强**

想一想：与秋天有关的成语或诗歌有哪些？这些成语或诗歌反映了秋天什么样的特点？

 **动手能力我最棒**

"秋丛绕舍似陶家，遍绕篱边日渐斜。""飒飒西风满院栽，蕊寒香冷蝶难来。""耐寒唯有东篱菊，金粟初开晓更清。"这几句古诗为我们描绘了金秋时节菊花开放的美丽场景，赞扬了菊花勇历风霜的坚贞品格。

你知道的菊科植物有哪些？请到植物园或公园找一找。

第四课 冬养藏

如果问小朋友们一个问题:"一年当中最难熬的季节是哪一个?"估计很多人会说:"冬天。"原因可能有很多,比如天太冷,穿太厚,行动不便,等等。那么冬天里,我们应该如何科学保养呢?

形容冬天的孤寂清冷,柳宗元的诗《江雪》再合适不过了,"千山鸟飞绝,万径人踪灭。孤舟蓑笠翁,独钓寒江雪"。即使不是在冬天里吟诵它,也给人一种清冷的感觉。

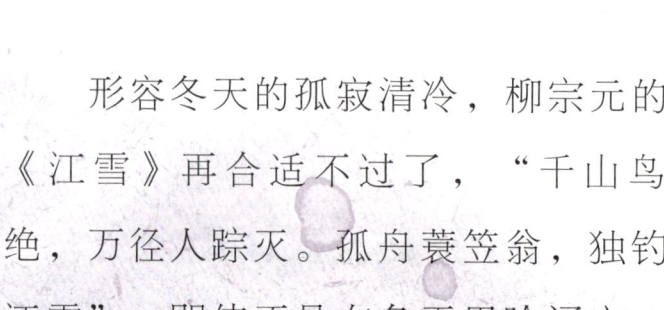

但冬天的寒冷和冰雪绝不意味着生机的终结。因为在寒冷的裹挟中和冰雪的掩埋下还在积蓄着生长的憧憬和期望。不信,你去看看诗里写的青松与寒梅,"大雪压青松,青松挺且直""墙角数枝梅,凌寒独自开"。寒冬时节,你可以到户外近距离欣赏和感受它们坚强的意志和顽强的生命力。

《黄帝内经》中这样概括冬天的特点:"冬三月,此谓闭藏。水冰地坼,无扰乎阳。"冬天日照减少,北风凛冽,天寒地冻,万物萧条。动植物多处于冬眠状态,以养精蓄锐,为来年生长做准备。而人体新陈代谢水平也相对缓慢,皮肤干燥,体温下降,消耗减少,以顺应自然界冬季以"藏"为主的规律。所以冬季养生,要以养"藏"为基本原则。

生活中的中医小妙招

冬季憋尿易致病

冬天气候寒冷,有的人夜晚因为怕冷不想起床上厕所,或白天因厕所距离自己较远,怕冷而长时间憋尿,实在憋不住才去上厕所。虽然憋尿不舒服,但很多人都不在意。其实长时间憋尿会使人体膀胱内的尿液越积越多,含有细菌和有毒物质的尿液不能及时排出，容易引起膀胱或尿道的炎症，出现尿痛、尿血或遗尿等问题；严重时，尿路感染向上蔓延到肾脏，会引起肾盂肾炎，甚至会影响到肾功能。所以，憋尿对人体有很大的危害。唐代名医孙思邈的《千金要方》中写道："忍尿不便，膝冷成痹。"清代曹廷栋的《老老恒言》中也说："欲溺即溺，不可忍。"不光憋尿不利于健康，大便若不及时排出，水分就会被肠道反复吸收，导致大便干结难解，也不利于健康。大便中的毒素在体内积累时间过长，有害物质被肠道吸收，人就会出现精神萎靡不振、头晕乏力、食欲减退等症状；长期如此，还会导致便秘、肛裂、痔疮等一系列肛肠疾病。所以冬天不能因为天冷或偷懒而憋尿、憋大便。平时我们也要养成良好的排泄习惯，这有利于保持身体的健康。

 **思考能力我最强**

想一想：与冬天有关的成语或诗歌有哪些？这些成语或诗歌反映了冬天什么样的特点？

 **动手能力我最棒**

冬季热敷防冻疮

冬天天气寒冷，平时体质较弱的青少年、女性和老人，如果长期暴露在寒冷的环境中，很容易得冻疮。外出回家后用热毛巾对手、脸、耳朵等部位进行热敷，可以促进局部血液循环，有助于防止冻疮的发生。热敷的温度不宜过高，以免烫伤；热敷前毛巾要拧干，热敷后不要马上外出，否则容易着凉感冒。

第二单元
四季养生话饮食

第一课 春季健康饮食

春季以养"生"为基本原则,那么我们在饮食上该注意哪些问题呢?

春天,万物复苏,气候由寒变暖,饮食上我们可以根据春天的三个阶段进行合理安排。

早春:冬寒渐退,天气开始转暖,但是乍暖还寒。根据春天养"生"的原则,此时适当吃些葱、姜、蒜、韭菜,不仅能祛散体内的阴寒,还能激发人体的活力。这些食物中所含的某些成分,还具有杀菌防病的功效。同时,要少吃黄瓜、冬瓜、茄子、绿豆芽等不利于人体活力释放的寒性食品。

葱

蒜

韭菜　　　　　　　姜

仲春：仲春时节，气候温和，天气晴朗。此时可适当进食大枣、蜂蜜之类滋补脾胃的食物，少吃过酸或油腻等不易消化的食物。

枣　　　　　　　蜂蜜

晚春：气温日渐升高，此时应以清淡饮食为主，在适当进食富含优质蛋白质的食物及蔬果之外，可饮用绿豆汤、赤小豆汤、酸梅汤以及绿茶，以防止体内积热。不宜进食羊肉、狗肉、辣椒、花椒、胡椒等大辛大热之品，以防上火，引发疮疖痈肿等。

生活中的中医小妙招

春天野菜受青睐

春天，冰雪消融，万物苏醒，大自然生机勃勃。野外踏青时，我们经常看到很多人在田间地头挖野菜，收获大自然在春天里最

荠菜

马齿苋

丰厚的馈赠。即使没有时间去野外，我们也能在菜市场买到新鲜的野菜，如荠菜、马齿苋。

不少春天人们喜欢吃的野菜，除了具有营养价值，还具有一定的药理作用，如荠菜能利尿、止血、明目，蕨菜能解毒清火，等等。春天干燥多风，很容易上火，有些野菜具有清火的作用，所以春天野菜也就成了备受人们青睐的食物了。

 **思考能力我最强**

春天人为什么容易犯困？春困是生病吗？

 **动手能力我最棒**

制作菊花茶

春天气温回暖，风大雨少，气候干燥，人体内的水分通过出汗、呼吸流失较多，很多人会出现咽喉肿痛、口鼻干燥、牙龈肿痛、口腔溃疡、口臭、便秘、目赤肿痛等上火症状。中药菊花具有较好的清热散风作用，还能够清肝明目，对春天常见的上火具有良好的疗效。请按照下面的方法试着做一杯菊花茶吧。

原料：怀菊5克。

制作方法：将菊花放入水杯中，加开水300毫升冲泡，待水变温后即可饮用。

怀菊

第二课 夏季健康饮食

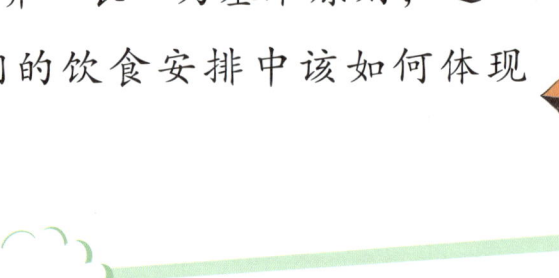

夏季以养"长"为基本原则,这一原则在我们的饮食安排中该如何体现呢?

夏季气温高,人体出汗多,消耗能量比春季快。夏季进补不能像冬季进补那样,吃羊肉等性热的食物,而应选性凉滋润的清补类食物,如鸽肉、鸭肉、豆腐、香菇、桑椹、番茄等。多喝汤、粥、羹,既可以生津止渴,清凉解暑,避免流汗太多出现中暑,又能补养身体。做汤、粥、羹的食材可选冬瓜、绿豆、莲子、荷叶、银耳、西瓜皮等生津养阴之物。

夏季天气炎热,人又过于操劳,很容易上火,导致多睡多梦、心悸、烦躁不安、口干口苦等。苦味食物大多能泄火,所以做饭时可以适当搭配一些苦味食物以预防或减轻上火症状。

夏季天气炎热,进食要以新鲜食物为主,食物一次没能吃完,要做好冷藏处理,再次食用前要加热,不吃变质腐败的食物。食物要吃温热的,少吃生冷、冰镇的，以免损伤肠胃。

生活中的中医小妙招

夏季吃水果分寒热

夏季气候炎热，大量营养丰富的水果涌入市场，对于爱吃水果的人来说，夏季可是最能大饱口福的季节了。但是水果虽好，也不能乱吃！中医认为水果性质有寒热之分，人的身体特性也有寒热虚实之别，因此夏季吃水果要因人而异。平时容易手脚发凉，面色发白，喜欢喝热饮，很少感到口渴的人多属于寒性体质；平时身体常有热感，面色发红，容易口渴舌燥，喜欢喝冷饮的人多属于热性体质。寒性体质的人适合吃温热类的水果，如枣、杏、龙眼、荔枝、石榴等；热性体质的人适合吃寒凉类的水果，如梨、西瓜、荸荠、香蕉等。

 **思考能力我最强**

你知道谚语"冬吃萝卜夏吃姜"的意思吗?

 **动手能力我最棒**

制作酸梅汤

酸梅汤是一种消暑解渴的传统饮品,也是现代人喜爱的饮品之一。它不仅可以去油解腻,还可以健脾开胃,提神醒脑。

酸梅汤

原料：乌梅30克，山楂30克，桂花3克，冰糖50克，甘草3克。

制作方法：将乌梅、山楂洗净，与桂花、冰糖、甘草同放锅中，加清水1000毫升煮沸后，文火再煮10~15分钟，去渣取汁，放凉即可饮用。

第三课 秋季健康饮食

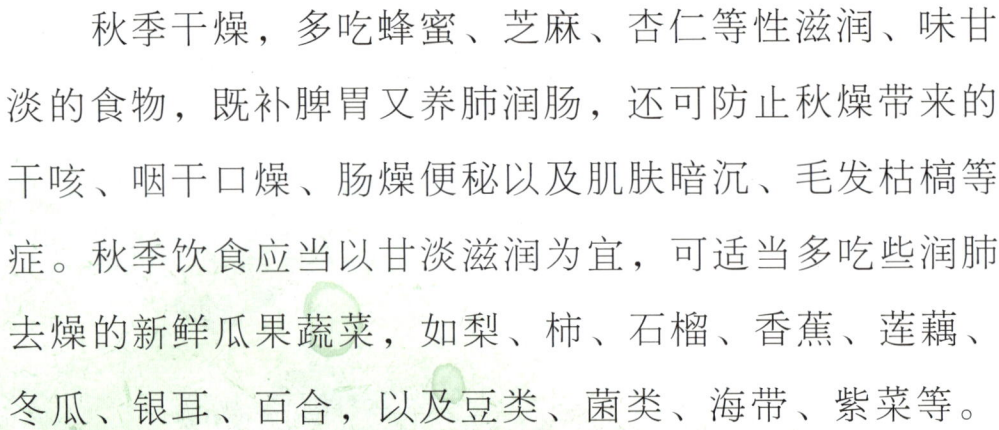

秋季以养"收"为基本原则，那么该如何调整我们的饮食来顺应这一原则呢？

秋季干燥，多吃蜂蜜、芝麻、杏仁等性滋润、味甘淡的食物，既补脾胃又养肺润肠，还可防止秋燥带来的干咳、咽干口燥、肠燥便秘以及肌肤暗沉、毛发枯槁等症。秋季饮食应当以甘淡滋润为宜，可适当多吃些润肺去燥的新鲜瓜果蔬菜，如梨、柿、石榴、香蕉、莲藕、冬瓜、银耳、百合，以及豆类、菌类、海带、紫菜等。

秋季饮食宜少辛多酸，也就是少食葱、姜、蒜、韭菜等辛辣刺激之物，以防止耗伤体内津液，加重口唇干燥之感。可适当多吃一些酸味水果，如苹果、石榴、葡萄、猕猴桃、柚子、柠檬、山楂等。

秋季是各种瓜果丰收之时，适当食用水果对健康大有益处，可预防"秋燥"的产生。但秋季气候渐冷，不宜过多食用瓜果，以免损伤脾胃。

生活中的中医小妙招

立秋别大补

立秋，是二十四节气中的第13个节气，一般在每年阳历8月的7、8或9日。秋季从立秋开始，到立冬结束，是暑热与凉寒交替的季节。我国北方民间素有"贴秋膘"的风俗。贴秋膘就是多吃一些温热的、对人体具有补益作用的食物。其实，秋天虽然天气渐渐转凉，但立秋并不代表酷热天气就此结束。立秋还在暑热时段，尚未出暑，民间有"秋后一伏"的说法，故初秋天气仍然很热。所以初秋时节不用急着进补，尤其是平时脾胃消化功能较弱的老人或儿童。平时吃辛辣、油腻食物容易上火的人也不适合此时进补。秋季饮食注意营养均衡，可以食用一些具有平补作用的食物。

 **思考能力我最强**

你知道谚语"秋瓜坏肚"是什么意思吗?

 **动手能力我最棒**

制作山药百合粥

山药百合粥是以山药、百合、大米等为原料煲制而成的米粥,其中山药具有健脾益胃、帮助消化等功能,百合能够安神静心、止咳润肺。山药百合粥适合秋冬季节食用,做法简便,营养美味。

原料:山药、百合各20克,大米100克。

制作方法:将大米、百合洗净,山药去皮洗净,切成薄片,一同放入锅中,加入适量清水，先用旺火煮沸，再改用小火煮35分钟，即可盛出食用。

←百合

大米→

山药百合粥

←山药

第四课 冬季健康饮食

冬季以养"藏"为基本原则,这一原则在我们的饮食安排中该如何体现呢?

我国冬季普遍降水少、气温低,这在北方地区更为突出。受强冷空气的影响,冬季气温骤降,可造成低温、大风、沙尘暴、霜冻等灾害,同时也会给人体健康带来不少隐患。因此,冬季宜食温热食物以抵御寒冷;少食辛辣食物,忌盲目服用热性补药,忌借饮酒御寒;少食生冷食物,以免损伤脾胃。

冬季与秋季一样,气候干燥,容易引起眼干、舌燥、咽干、皮肤干、小便少、大便秘结等。因此,饮食宜滋润,多吃蔬菜和水果。

冬季人体运动少,能量消耗也少,在和其他三季摄入同样食物的情况下,冬季的能量更容易化为脂肪储存在人体内,因此要控制和平衡饮食。上午可多吃,但要控制晚餐的进食量。

生活中的中医小妙招

水果的煮食之道

冬天天气寒冷，加上新鲜的蔬菜品种较少，很多人会选择多吃水果来增加维生素和膳食纤维的摄入。但是，寒冷天气里即使在有暖气的室内生吃凉凉的水果，有些人也会出现肚子痛、拉肚子等状况，尤其是胃肠功能较弱的人，这种体会更加深刻。这是因为冬天人的消化功能下降，平时体质较弱或腹部怕凉的人吃凉水果不容易消化吸收。所以，可以试着把水果煮或蒸着吃，这样既可以达到补充水分和营养的目的，又能避免吃生冷水果对肠胃的刺激。

你知道川贝冰糖蒸梨是怎么做的吗？查一查，做一做。

 **思考能力我最强**

冬天人也会上火吗?

 **动手能力我最棒**

制作羊肉萝卜汤

冬季天气寒冷,人的消化功能减弱,羊肉性温,最适合在寒冷、阴湿的冬季吃。老年人和体虚胃寒的人,冬季多吃些羊肉,既能暖体御寒,又能养身进补。羊肉萝卜汤具有温胃消食的功用,适合冬季食用。

原料:羊肉500克,萝卜300克,豌豆100克,生姜10克,草果5克,香菜、胡椒、

精盐各适量。

制作方法：将羊肉、萝卜洗净，切成小块。将草果、羊肉、豌豆、生姜放入锅内，加水适量，先用大火烧开，然后改用文火煎煮1小时，再放入萝卜块煮熟，最后放入香菜、胡椒、精盐即可。

羊肉萝卜汤

第三单元
四季养生话起居

第一课 春季健康起居

熬过了寒冷的冬天，迎来了鸟语花香的春天。在春风沉醉的日子里，我们的生活起居该怎么安排才不辜负这份春天的美好呢？

人体经过冬季休整调养之后，迎来了春暖花开的季节，大地气温明显回暖，人们应顺应自然早睡早起，并坚持午睡片刻，保证足够的睡眠。

清晨起来，适当运动，舒展筋骨，呼吸新鲜的空气，调整情绪，保持充沛的精力。

注意劳逸结合，生活有序，切忌过度疲劳，以保持机体生理上的平衡。

冷暖交替的季节，注意保暖，以防感冒。

睡前请勿进食。临睡前进食，往往会增加胃的负担。有些食物不但刺激胃，还刺激中枢神经，使人晚间处于兴奋状态难以入眠，导致休息不足，次日早晨起来就会面庞浮肿，神色疲倦。

在精神方面，应该力戒暴怒、忧郁，保持乐观向上的快乐心境，以顺应春天养"生"的特点。

生活中的中医小妙招

春天勤梳头，好处多又多

春季是万物萌发的季节，人的身体也会顺应自然，呈现出生长旺盛的特点，人的毛孔逐渐舒展，代谢旺盛。所以人们在春季的养生保健中要顺应天时和人体的生理规律，一定要使肢体舒展，使体内气血的循环通畅调和。春天勤梳头符合春季养生强身的要求。经常梳头能加强对头皮的磨擦，疏通血脉，改善头部血液循环，既能使头发得到滋养，乌黑光润，牢固发根，防止脱发，也有利于健脑提神，解除疲劳。

 **思考能力我最强**

谚语"春捂秋冻"中的"春捂"是什么意思?

 **动手能力我最棒**

揉搓迎香穴防感冒

春天虽然天气转暖,但昼夜温差大,冷暖变化快,人体的免疫力和防御功能下降。气温回升也使细菌、病毒加速滋生繁殖,所以流脑、感冒、风疹等疾病在春天经常发生和流行。除了注意保暖、外出佩戴口罩、少去人群密集的地方以外,中医还有一些预防保健的方法,如揉搓迎香穴。

揉搓迎香穴示意图

迎香穴位于鼻翼两侧的皱折中。揉搓迎香穴的具体方法：用两手的食指按住迎香穴，并且按照顺时针和逆时针的方向各搓摩36次，局部会感到有酸胀感向周围放射。经常揉搓迎香穴可以促进鼻周围的血液循环，使气血畅通，从而增强抵抗病菌的能力，对于感冒具有一定的预防效果。

第二课 夏季健康起居

对于小朋友们来说，夏季是最让人期待的季节，炎热的天气里可以品尝种类多样、美味可口的时令水果，可以在水上乐园尽情嬉戏玩耍，还可以畅享漫长的暑假。但是，夏季炎热、潮湿的气候也会成为影响身体健康的不利因素，那我们在生活起居方面该注意什么呢？

夏季昼长夜短，人们可以比冬春季时适当晚些入睡，早些起床。夏天日出较早，清晨空气清新，早起到室外活动，以适应夏季的养"长"之道，有益于健康。由于中午的气温最高，晚上睡眠时间较短，所以应适当午睡，以消除疲劳，恢复精力。

夏天既要防暑降温，又不可过于贪凉。因此，不可晚上在室外露宿，不可卧居潮湿之处，不可久坐冷石、冷地，不可睡眠时让电扇直吹；有空调的房间，不宜把室温降得太低，以免室内外温差过大。暑季外蒸之时，人体汗液大泄,腠理开放,稍不注意,风寒湿气就会乘虚而入。夏季天热出汗多,因此所穿衣服要轻薄、透气,要勤洗勤换,汗湿之衣不可久穿,以免刺激皮肤,令人不适。

夏季宜每日用温水洗澡,这样可以加快血液循环,消除疲劳,改善睡眠,增强抵抗力。

生活中的中医小妙招

夏季睡午觉,胜过吃补药

炎热的夏天,昼长夜短,人的皮肤湿度增大,体温升高,大量出汗使人体能量过度消耗,加上夜间常常因为天热而睡眠时间不足,导致白天精神萎靡,工作和学习的效率就会大打折扣。所以,适度的午睡,可以起到一定的弥补作用,有助于人们清醒头脑,恢复精神,有利于身体健康。

 **思考能力我最强**

为什么人在夏天也会患风寒感冒？

  **动手能力我最棒**

制作香囊

　　夏季气候炎热，雨水也比其他季节增多，湿热夹杂，容易滋生蚊虫，引起一些传染性疾病。早在两千多年前，我国民间就出现了佩戴香囊以避除秽恶之气、防病健身的民俗。人们将气味芳香的中草药如苍术、藿香、吴茱萸、艾叶、肉桂、砂仁、雄黄、冰片、樟脑等制成粉末，装在小布袋中，外面用绸布包裹，再用彩色丝线束口，做成精致

香囊

小巧、不同形状的香囊，佩戴在胸前、腰间等处。香囊芳香四溢，具有提神、驱虫、避瘟、防病的功能，对多种细菌、真菌和病毒有不同程度的抑制或杀灭功能，从而起到了避邪驱瘟的作用。

材料：碎布、棉花、苍术粉、丝线、剪刀、针、缝衣线。

做法：把布剪成长条形，里面放上棉花和苍术粉。用线沿一侧缝合，缝好以后，把线拉紧，用丝线加上装饰即可。

第三课 秋季健康起居

古人见一叶落而知秋，遇秋又容易暗生愁绪，"少年不识愁滋味"的我们，在秋天里该怎样为我们的健康起居操操心呢？

秋风乍起，气候干燥，而秋日早晨天高气爽，空气清新，是一日中空气最为湿润的好时候。此时应早睡早起，以利收敛精神，使肺不受秋燥的损害，从而保持充沛的活力。

秋季气候干燥，容易导致口干咽燥、便秘等，所以要注意保持室内的温度和湿度。室内可养些花草，勤洒水，以调节室内湿度。

秋季人的皮肤水分蒸发加快，外露部分的皮肤会因缺水变得干燥，弹性变小，严重时会产生皲裂。因此，要注意皮肤的日常护理。初秋湿热并重，仍有"秋老虎"肆虐，人们常常出汗较多，但此时早晚凉爽，很多人不会像夏日那样一出汗就洗澡。皮肤不够清洁，就容易发生疖肿。所以，保持皮肤清洁尤为重要。保持皮肤清洁的最佳办法是勤洗澡，洗澡时在盆内放一些花露水，可使浴后的皮肤清凉舒爽。洗澡时，注意水温。天气逐渐转凉后，可适当减少洗澡频率。

生活中的中医小妙招

秋季登高助健康

我国很早就有重阳登高的传统。秋季天高气爽，景色宜人，是爬山的好季节。登高望远，不仅能颐神养性，还能强身健体。登山的好处虽然很多，但是并不是每个人都适合，我们要根据自身的身体情况，在健康状况和体力允许的情况下进行。注意不能选择过高、过长的登山线路，以免过于劳累引发身体不适；登高时间不要选择气温较低的早晨和傍晚，登高速度不宜过快，上下山时可通过增减衣服来适应温度的变化。

 **思考能力我最强**

谚语"春捂秋冻"中的"秋冻"是什么意思?

 **动手能力我最棒**

巧按穴位防秋乏

入秋以后,随着天气转凉,很多人会出现精神不振、昏昏欲睡、注意力不集中等现象,人们称之为"秋乏"。因为天气渐凉,人体内的代谢功能下降,平时体质较弱或寒性体质的人就容易出现精神不振的秋乏现象。缓解秋乏,除了保证充足的睡眠、适当进行体育锻炼、保持清淡饮食、注意营养之外,中医还有一些简便易行的小妙招,比如穴位按摩。

太阳穴位于眉梢与眼外角连线中点,向

后约一横指的凹陷处，按摩此穴位不仅能提神，还可缓解头痛。按摩方法：用双手拇指或食指分别置于两侧穴位，轻柔缓和地环形转动，持续30秒。

按摩太阳穴示意图

百会穴位于头顶正中线与两耳尖连线的交点处，按摩此穴位可以提神醒脑。按摩方法：用双手拇指或食指叠按于穴位，缓缓用力，有酸胀感为宜，持续30秒；同时可做轻柔缓和的环形按揉，反复5次。

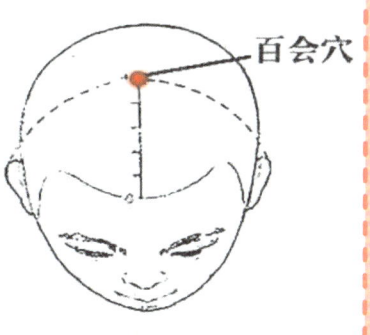

按摩百会穴示意图

需要注意的是，按摩不能用力过度，感觉酸胀即可。按摩穴位的次数可根据秋乏的程度进行调整。

第四课 冬季健康起居

寒冷的冬天里，有些动物会提前飞往温暖的南方，有些动物会躲起来冬眠，还有些动物用浓密的毛发保暖……我们该如何度过这难熬的冬天呢？

根据冬季的特点，人们应该按《黄帝内经》提出的"早卧晚起，必待日光"，晚上早点睡觉，保持身体温热，早晨迟一些起床，待日出而作，避寒就温。

冬季保持室温的恒定十分重要，室内外温差大，容易引起感冒。冬天不要紧闭门窗、睡懒觉、足不出户，这样，室内空气混浊，会使人精神萎靡不振，体质衰退。人要多到室外活动，这不仅能弥补阳光照射的不足，人体还能不断受到冷空气的刺激，提高对疾病的抵抗力。但是运动不宜过于剧烈，运动量也不宜过大。

衣着方面，内衣以棉质为好，暖和贴身；外衣要稍宽大，使气血流通，四肢舒展温暖。冬季要注意防寒保暖，但也不可过于燥热，以顺应冬天养"藏"为本的养生保健原则。

 **生活中的中医小妙招**

立冬进补要因人因地而宜

立冬节气的到来预示着冬季的开始，草木凋零，蛰虫休眠，万物活动趋向休止收藏以规避寒冷的侵袭。每到此时，人们开始以不同的方式通过饮食进补，以抵御严寒的侵袭。民间有个谚语："冬季进补，春季打虎；冬季不补，春季受苦。"但是我国南北温差较大，人的体质也有明显差异，所以不同地域、不同人群立冬饮食进补的原则也有所不同。如东北地区寒冷，饮食以温热为主；西北地区寒冷干燥，饮食以温热滋润为主；东南地区温暖，饮食以甘温为主；西南地区温暖潮湿，饮食以甘温辛散为主。同时，立冬进补不能盲目，还要根据个人体质状况，选择合适的食物，如体质虚寒的人可食用温热性的食物，热性体质的人可食用甘凉滋润的食物。

 **思考能力我最强**

你知道"春困秋乏夏打盹儿,睡不醒的冬三月"中"睡不醒的冬三月"是什么意思吗?

 **动手能力我最棒**

冬季健身"三搓"

冬季室外气候寒冷,很多人会减少户外的锻炼,但要想保持健康的体魄,需要增加室内锻炼的运动量。揉搓面部、手部和足部也可以达到健身防病的目的。经常搓搓这三个部位,不仅能借助摩擦生热来增加局部的温度,也能加速血液循环,预防冻伤和冻疮,还能对感冒和呼吸道感染起到一定的防治作用。

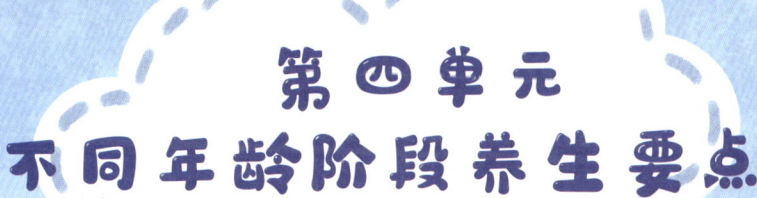

第四单元
不同年龄阶段养生要点

我们的身体充满了奥秘,只有不断地自我观察,自我体会,才能清楚地了解自己的身体,更好地保护我们的健康。

第一课 儿童时期养生

儿童时期是指4—12岁这一年龄阶段,基本涵盖了幼儿园和小学时期。小朋友们,你的身体在这一时期都经历了哪些变化?

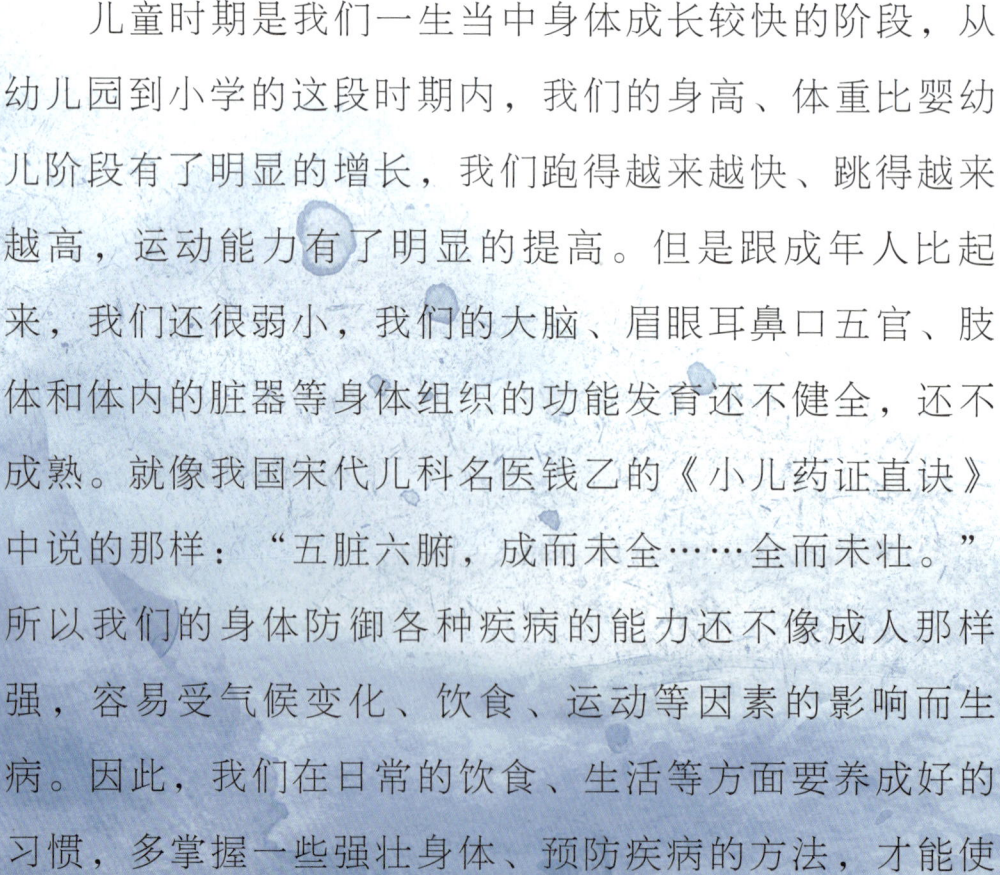

儿童时期是我们一生当中身体成长较快的阶段,从幼儿园到小学的这段时期内,我们的身高、体重比婴幼儿阶段有了明显的增长,我们跑得越来越快、跳得越来越高,运动能力有了明显的提高。但是跟成年人比起来,我们还很弱小,我们的大脑、眉眼耳鼻口五官、肢体和体内的脏器等身体组织的功能发育还不健全,还不成熟。就像我国宋代儿科名医钱乙的《小儿药证直诀》中说的那样:"五脏六腑,成而未全……全而未壮。"所以我们的身体防御各种疾病的能力还不像成人那样强,容易受气候变化、饮食、运动等因素的影响而生病。因此,我们在日常的饮食、生活等方面要养成好的习惯,多掌握一些强壮身体、预防疾病的方法,才能使自己健康快乐地成长。

儿童时期，小朋友们生长发育迅速，需要充足的营养，所以我们可以通过多样化的饮食，合理搭配谷物、肉类、水果、蔬菜来获取充足的营养，还要养成按时吃饭、不挑食的好习惯。

想要增强体质，小朋友们可不能偷懒。要经常运动锻炼身体，要选择阳光充足、温度合适的时间进行户外锻炼，根据自己的身体状况选择适合的运动项目。但是运动时要注意安全，运动不能过度，运动后注意补充水分，注意保暖，防止感冒。

想要身体好，睡眠不可少。小朋友正是长身体的时候，每天要保持充足的睡眠，有利于体力的恢复和生长的需要。

好的卫生习惯也是健康必不可少的保障。饭前、便后要洗手，不吃变质过期的食物，早晚要刷牙，防止病从口入。

 生活中的中医小妙招

饮食节制防肥胖

很多小朋友吃饭很随意，对待爱吃的食物狼吞虎咽，对待不喜欢吃的食物"爱搭不理"，这样的饮食习惯对我们身体的生长是非常不利的。日常饮食不要挑食，对待爱吃的食物也要加以节制，不能由着性子来，尤其是零食、油炸食品。长期大量食用这些食物，会引起身体的肥胖。为了我们的身体健康，请改掉这些不良的饮食习惯吧。

 思考能力我最强

为什么儿童睡眠时间要比成年人长？

 **动手能力我最棒**

学练增视功

增视功是河南中医药大学路世才教授于1981年整理古代明目文献时发掘整理编创的护眼方法。近四十年来，路教授对其进行了深入的持续研究和普及推广。2020年，中国健身气

河南中医药大学
路世才教授

功协会在增视功的基础上升华编创了"健身气功·明目功（成人版）"。该健身气功注重从养护人的整个生命系统的角度来突出明目的效果，具有动静结合、柔韧舒缓、易学易练、操作灵活等特点。

第二课 青少年时期养生

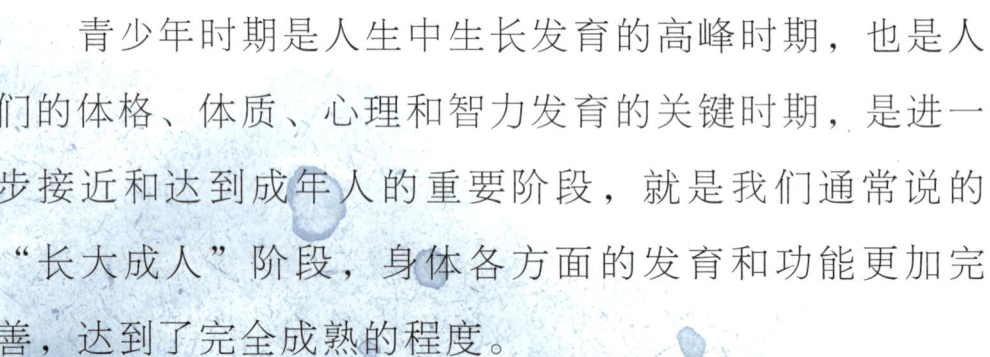

青少年时期是指12—24岁这一年龄阶段，人们常用花样年华来形容这个时期。在这个时期，我们的身体会呈现什么样的特点呢？又有哪些需要注意的保健问题呢？

青少年时期是人生中生长发育的高峰时期，也是人们的体格、体质、心理和智力发育的关键时期，是进一步接近和达到成年人的重要阶段，就是我们通常说的"长大成人"阶段，身体各方面的发育和功能更加完善，达到了完全成熟的程度。

青少年时期，我们会比现在所处的儿童时期身体更强壮、脑筋更聪明、做事更成熟，但是还处于向大人过渡的阶段，而且这一阶段我们的学习任务更重，脑力和体力消耗很大，面临的考验和压力也很大，所以我们要从生活、学习等方面掌握更多保健养生的方法，来快乐度过美好的青春时光。

随着所学课程的增加，青少年的学习难度变得越来越大，需要做的作业和参加的考试越来越多，学习给他们带来的烦恼也慢慢多了起来。很多孩子会产生焦虑、烦躁不安的情绪，自己又不知道怎么调节，也不愿跟家长或老师交流，时间长了就会影响学习，还会给身体带来不利影响。遇到这些困难，请不要憋在心里，多和老师、家长或自己的好朋友沟通交流，听听他们的分析和建议，同时自己也要学会调节情绪，要敢于正视困难，还可以通过运动、散步等方式释放压力、放松心情，身心愉悦地享受学习和生活。

青少年生活作息要有规律，要按时吃饭、睡觉。不要因为赶时间不吃早饭；饮食上既要保证营养充分，又要防止营养过剩；冷饮、甜食不宜多吃，当然更不能暴饮暴食；睡觉前不要太兴奋，也不要吃得太饱，否则容易做梦或入睡困难，影响睡眠质量。

青少年时期人的身体发育较快，平时不要穿紧身衣裤，要穿宽松的衣服，以免影响身体的生长发育。

 生活中的中医小妙招

学会休息防过劳

青少年时期，面对中学、大学繁重的功课和升学压力，不少人喜欢熬夜学习；放假期间，为了排解压力、放松身心，有些人喜欢熬夜看球赛、玩游戏，认为自己还年轻，熬夜不是什么大事儿。其实，长期熬夜对青少年的身体伤害很大，比如视力下降、免疫力降低、胃肠功能紊乱等。所以合理安排好学习、娱乐的时间，保持充足的睡眠才能有利于身心健康。

 思考能力我最强

为什么青少年要忌烟酒？

 动手能力我最棒

学练马王堆导引术

1974年，湖南长沙马王堆三号汉墓出土了我国现存最早的一卷彩色导引帛画——《导引图》，为西汉早期作品。该图出土时残缺严重，经过拼复共有44幅小型全身导引图，绘有44个各种人物的导引图式。导引是呼吸运动和躯体运动相结合的一种医疗体育方法。《庄子·刻意》中说："吹呴呼吸，吐故纳新，熊经鸟申，为寿而已矣；此道（导）引之士，养形之人，彭祖寿考者之所好也。"说明中国

马王堆导引术示例

是世界上较早应用导引的国家。英国科学家李约瑟博士认为，西方现代的医疗体操实际上是中国早期的体操传入欧洲后演变而成的。所以，西方学者也称中国是"医疗体操的祖国"。

国家体育总局健身气功管理中心在《导引图》基础上组织编创了"马王堆导引术"，并出现了《健身气功·马王堆导引术》一书。马王堆导引术集修身、养性、娱乐、观赏于一体，简单易学，安全可靠，适合于不同人群习练。

请观看视频，跟着学一学，练一练。

第三课 中年时期养生

中年时期是指36—60岁这一年龄阶段。很多小朋友的爸爸妈妈或者爷爷奶奶的年龄就处在这个阶段。他们的身体呈现出哪些特点？你了解哪些常用的中年养生方法？

当我们想要爸爸妈妈或爷爷奶奶、外公外婆的一个拥抱时，他们可能很难像我们小时候那样轻松把我们抱起；当和他们一起追逐玩耍时，他们可能也无法像我们小时候那样轻易追上我们；当我们翻看他们年轻时的照片时，可能发现他们比以前变胖了，脸上皱纹增多了，头发开始变白了；有时候，会发现他们也开始像我们小时候那样，变得容易生病，还会经常见到他们吃药……这些都是中年时期常见的现象。

中年时期是人生的转折期，四十岁左右的人五脏六腑和身体各项机能开始加速衰退，精力不如以前充沛，

记忆力比以前下降了，消化吸收能力也不如以前，所以，如果中年时期不注意养生，不好好保养，到了老年就很容易疾病缠身。

人们常用"上有老，下有小"来形容中年人面临的生活状况。中年人要承担赡养老人、抚养孩子的家庭重任，还要做好自己的社会工作，来自社会和家庭的双重压力，往往使很多的中年人不堪重负而生病。所以，面对繁多的事务，中年人要学会分清轻重缓急、主次先后，合理安排时间，减少或避免加班、熬夜，防止过度劳累损害健康。

中年人还要注意锻炼身体，劳逸结合。选择运动项目要结合自己的兴趣和身体健康状况，运动强度也不宜过大，以免对身体造成损伤。

中年人的消化吸收能力下降，所以要少吃油腻的食物，少吃盐，多吃蔬菜水果。饮食不宜过饱，合理控制体重。

中年人的日常生活起居也要十分注意，夏天空调温度不宜过低，少吃冷饮凉食；冬天注意保暖，但也不宜穿得过厚；戒烟，控制饮酒，保持良好的卫生习惯。如有身体不适，要及时到医院就诊，防止小病不治拖成大病；定期进行身体检查，及时发现疾病，尽早治疗。

生活中的中医小妙招

畅达乐观少烦恼

俗话说，"笑一笑，十年少；愁一愁，白了头"。这句话说的是快乐的心情使人保持年轻；烦恼哀愁，让人容易衰老。中年人要兼顾事业和家庭，肩上的担子比较重，精神压力也非常大，烦恼的事情很多，而且这个时期，人的身体也开始走下坡路，体力、精力都大不如前。这些问题困扰着很多中年人，是威胁他们身体健康的重要因素。所以保持畅达乐观的心情是中年养生的一项重要内容，可以通过向亲人或朋友倾诉烦恼，或者通过运动、旅游、听音乐等多种形式宣泄不良情绪，用轻松乐观的心态为健康保驾护航。

 **思考能力我最强**

俗语"人到中年不得已,保温杯里泡枸杞"反映了中年人什么样的生理特征?

枸杞茶　　　　　　　　枸杞

 动手能力我最棒

揉搓耳朵利健康

小朋友们知道吗，我们的耳朵不只是用来听声音的，还可以防病治病。这是因为耳朵与我们体内的很多器官有密切的联

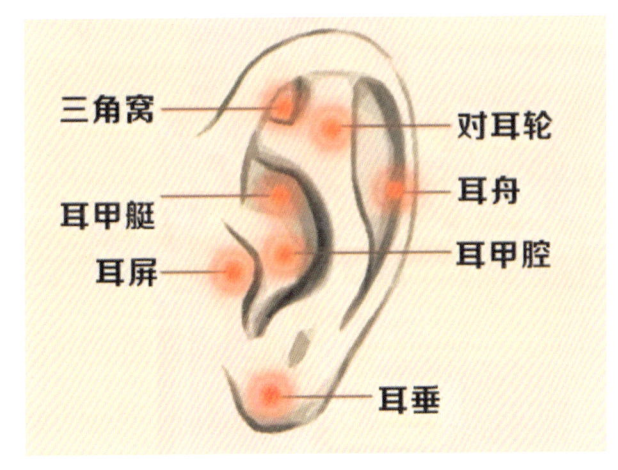

耳朵穴位简图

系，上面分布着很多穴位，通过揉搓耳朵可以刺激上面的穴位来对内脏施加有益的影响。经常搓揉耳朵，可以促进人体气血的运行，增强人的免疫力和代谢力，缓解疲劳，改善睡眠，对头痛、眩晕和神经衰

中医药文化与健康

第四单元 不同年龄阶段养生要点

弱等也有治疗作用。

揉搓耳朵示意图

操作方法：先揉耳郭，两只手按捏住耳郭，顺时针揉15次，再逆时针揉15次。然后钻耳眼，用两个食指轻轻插进两侧的外耳孔，像钻井一样来回转动，用力不要太大，要均匀，反复几次就好。最后捏耳垂，用拇指和食指轻轻捏住耳垂，反复搓揉，也可以向下拉几次，但是力度不要太大。

第四课 老年时期养生

人过了60岁就步入了老年阶段，在我国人口年龄结构中，60岁以上的人越来越多。截至2022年底，我国60周岁及以上人口占全国总人口的19.8%，已逼近中度老龄化社会。同学们，让我们一起来关心身边的老年人，了解一下他们生活中需要注意哪些养生问题吧。

小的时候，我们都很喜欢听故事。跟爸爸妈妈喜欢读故事书给我们听不同，爷爷奶奶喜欢给我们讲故事，有时候我们会好奇，到底他们肚子里装了多少故事，怎么总也讲不完啊？老年人一生经历了很多很多的事情，阅历和社会经验都很丰富，所以当家里的年轻人遇到困难时，老年人总会帮着出主意。难怪人们常说"家有一老，如有一宝"呢，这也是老年人受到人们尊重的一个重要原因。

我们坐公交、地铁等公共交通工具的时候，经常能看到上面设置的爱心座位，当有老年人上车的时候，很多人会主动起身让座，因为尊重老人是中华民族的传统美德，而且老年人身体弱，站不稳，很容易摔倒受伤。

老年人各大器官的功能逐渐衰退，内脏器官和肌肉开始萎缩，消化吸收能力减退，新陈代谢也变得更慢。老年人身体出现了很多衰老的表现，比如皮肤上的皱纹和斑点增多，头发逐渐花白、脱落，视力明显下降，听力也大不如前，牙齿开始松动、掉落，身材显得比年轻时候要矮小，有些人还会变得弯腰驼背，精神状态也会越来越差，经常会坐着打瞌睡，躺下又睡不着。所以老年人的养生就更需要认真和细心。

老年人牙齿松动、脱落，咀嚼困难，加上消化吸收功能较弱，所以要多吃松软、清淡、温热、容易消化的食物，少吃坚硬、油腻、生冷、不易消化的食物。饮食要少量多餐，不可过急过快。细嚼慢咽有助于饮食的消化吸收，也能避免"吞、呛、噎、咳"等危险的发生。

老年人最好居住在环境安静清洁、空气流通、阳光充足、湿度适宜、生活方便的地方，平时要保证良好的睡眠，但是也不能贪睡懒卧，要早睡早起，勤于锻炼。外出时注意避风防冻、防暑避雨，要根据季节气候的变化随时增减衣物，要注意胸、背、腿、腰及双脚的保暖。

老年人身体衰弱，锻炼身体时要量力而行、循序渐进，不要争胜好强；运动项目要尽量选择动作舒缓的太极拳、慢跑、游泳等，运动量不要过大。

老年人体弱多病，面对疾病不能畏惧退缩，也不能漠不关心，要树立乐观主义精神和战胜疾病的信心，多参加一些有意义的活动，多锻炼，分散对病痛的注意力，并积极主动地配合治疗，尽快恢复健康。还要定期体检，早发现不良征兆，及时进行预防或治疗。

生活中的中医小妙招

知足谦和快乐多

人到老年，从工作岗位上退下来以后，由于生活节奏变慢，社会生活圈子变小，加上身体变弱，疾病多发，儿女工作繁忙，对老人关注变少，常使老人产生孤独、忧郁、多疑、烦躁、易怒等心理，不良的情绪会加重原有的病情，还会诱发新的疾病。因此，老年人要以轻松愉快的心态面对生活，以宽容谦和的胸怀面对他人，对生活要知足而不要有过多过高的要求，热爱生活，保持自信，从容冷静地处理各种矛盾，保持家庭和睦、社会关系协调，从而促进身心健康。

思考能力我最强

为什么老年人不适宜强度过大的运动？

动手能力我最棒

学练二十四式太极拳

明末清初，河南温县陈家沟的陈王廷在家传拳法的基础上，吸收众家武术之长，融合易学、中医学等思想，创编出一套阴阳开合、刚柔相济、内外兼修的新拳法，命名为"太极拳"。后来太极拳广为流传，名扬海内外，2006年被确定为国家级非物质文化遗产。太极拳具有动静结合、动中求静、以静御动和

太极拳

虽动犹静的特点，符合运动适度的健身原则，是老、中、青、少年都适宜的锻炼方式。

二十四式简化太极拳，是原国家体委于1956年组织太极拳专家汲取杨氏太极拳之精华编创而成的。它在传统的太极拳套路的基础上，删除了繁杂的、重复的动作，使其内容更显精练，动作更显规范。

请观看视频，跟着学一学，练一练。